www.ingramcontent.com/pod-product-compliance
Lightning Source LLC
Chambersburg PA
CBHW021830170526
45157CB00007B/2744
* 9 7 8 1 0 7 7 9 2 7 6 9 8 *